Les versets du pluriel

poésie

Catalogage avant publication de BAnQ et Bibliothèque et Archives Canada

Gagnon, Alain, 1943-

Les versets du pluriel
Poèmes.
ISBN 978-2-89031-635-5
I. Titre.

PS8563.A28V47 2008 C841'.54 C2008-941135-8
PS9563.A28V47 2008

Nous remercions le Conseil des Arts du Canada ainsi que la Société de développement des entreprises culturelles du Québec de l'aide apportée à notre programme de publication. Nous reconnaissons également l'aide financière du gouvernement du Canada par l'entremise du Programme d'aide au développement de l'industrie de l'édition (PADIÉ) pour nos activités d'édition.
Gouvernement du Québec – Programme de crédit d'impôt pour l'édition de livres – Gestion SODEC.

Mise en pages: Eva Lavergne
Maquette de la couverture: Raymond Martin
Illustration: Félix Vallotton, *Paysage avec arbres,* 1911

Distribution :
Canada
Dimedia
539, boul. Lebeau
Saint-Laurent (Québec)
H4N 1S2
Tél.: (514) 336-3941
Téléc.: (514) 331-3916
general@dimedia.qc.ca

Europe francophone
D.N.M. (Distribution du Nouveau Monde)
30, rue Gay Lussac
F-75005 Paris
France
Tél.: (01) 43 54 50 24
Téléc.: (01) 43 54 39 15
www.librairieduquebec.fr

Dépôt légal: BAnQ et B.N.C., 3e trimestre 2008
Imprimé au Canada

Les Éditions Triptyque
2200, rue Marie-Anne Est
Montréal (Québec) H2H 1N1
Téléphone: 514-597-1666
Courriel: triptyque@editiontriptyque.com
Site Internet: www.triptyque.qc.ca

Alain Gagnon

Les versets du pluriel

poésie

Triptyque

Du même auteur, aux Éditions Triptyque :

Lélie ou la vie horizontale (roman, 2003, 127 p.)

Jakob, fils de Jakob (roman, 2004, 166 p.)

L'espace de la musique (poésie, 2005, 102 p.)

Le truc de l'oncle Henry (roman, 2006, 166 p.)

À Lucie qui sait habiter
poétiquement
la terre.

Patience, patience… sois calme et doux et tais-toi, tais-toi simplement; les plaines du silence, les lueurs des lampes sur les fronts, les plaines du silence te montreront la voie.

René Daumal, *Le Contre-Ciel*

Lieux-dits

Les murmures portent plus loin que les cris.

Proverbe irlandais

1.

Les lieux sont attente. Ouverts à la marche, à l'œil, à l'esprit.

Ils dérivent dans le temps, fidèles à leurs formes, et se souviennent parfois des regards qui ont glissé sur eux.

Au soir, nous les passons en revue, ces vieux soldats des jours anonymes, et les lieux-dits se confondent en une cacophonie sourde que la mémoire embrase.

2.

Ce sont des lieux humbles, discrets. Des mares en leur centre. Des flaques où croupissent les eaux des pluies sonores. Belles dalles bétonnées, ruines que recouvrent les ronces. Ici et là, des oiseaux furtifs que nos pas dérangent parfois.

Viennent y boire les faunes des ravines urbaines. Ces discrets – depuis des siècles, ils sourdent des décors humains.

D'abord s'avance le rat, de longue venue urbain. Puis le mulot récemment immigré de sa campagne trop pleine, et ces matous dont les muscles saillent – ainsi ils déambulaient dans la savane, sous le Kilimandjaro.

3.

Il est des lieux d'orée où se mélangent les mondes. Odeurs de forêt et de banlieue sur le point de s'oublier.

Sous les aulnes lisses, papiers gras et bouteilles sombres que lave le printemps, près du ruisseau où l'omble s'éclate, rose. Au faîte des pins séchés, croassent les grands corbeaux du Nord.

Le lieu où arrêter ses pas. Le temps y consume la vie dans une déférence courtoise.

4.

Ces îles qu'on entrevoit des voies riveraines, où les fardiers ronronnent. Ces mains longues, lestées, que les eaux étalent aux courants gourds des fonds herbeux. La terre les a oubliées, flammes aqueuses aux lits des rivières vastes, et leurs limons que l'échassier épie, chuintent – baisers – comme des pieds les foulent.

Les îles craignent les gels et les sécheresses de l'été qui les riveront aux grèves et chasseront de leurs basses eaux ces brochets maillés que juin toue vers leurs baies claires.

L'automne les recouvrira de vagues gelées d'écume, blanches aux joncs cannelés des anses perdues.

5.

Il y a des vagues partout, des plages abandonnées aux balançoires tristes, et que les vents balaient. Des manèges multicolores et leurs chevaux assoiffés de pluie.

Dans l'air vif, un train hurle et traverse l'octobre. Un papillon orange hoquette à l'orée d'une cédraie rouille. Les balançoires grincent sous les faux-trembles hauts du parc, là où brasillent les bruines.

Ce sont des lieux de vacances achevées, où l'on attend l'hiver.

Arbres

Existant depuis toujours au sein d'océans vastes, je ne suis point né d'un père ni d'une mère, mais des formes élémentaires de la nature, des rameaux du bouleau, du fruit des forêts, des fleurs de la montagne. J'ai joué dans la nuit, j'ai dormi dans l'aurore; j'ai été vipère dans le lac, aigle sur les cimes, lynx dans la forêt. Puis, marqué par l'Esprit divin, le Sage des sages, l'immortalité m'a ouvert les bras.

Taliesin le Celtique

1.

En novembre, immobiles le long des chemins or, ils posent leurs feuilles sur les rivières lentes où boivent leurs racines et les renards muets.

Les arbres, assemblent les sucs de la terre, résument l'air, la lumière et l'eau, et les hissent tous au jour, vers l'effroi d'un ciel bleu.

2.

Ce sont les vents qu'envient les ormes sous leurs scions qui grincent. Ils s'y agriffent, noirs enchanteurs des futailles, et s'y tordent. Balaient le ciel. Se baignent d'amour et de pluie.

Ce sont les arbres que caressent les vents de l'été, avant que ne s'effondre le ciel liquide des orages soudains et brefs.

3.

Certains, chênes ou noyers, se tiennent solitaires au milieu d'un champ, d'une clairière perdue, d'un parc qu'a oublié la ville.

Au centre d'une étendue, leurs troncs respirent grandement, entre les lobes mornes et laiteux des quintefeuilles en lit.

4.

« Je suis un clocher fou de lumières et de lunes, dit l'orme sourd à la chouette qui passe. Je suis un événement à l'ombre des écoles où les enfants comptinent – et que perpétuent leurs rires.

J'ignore l'attente et l'espoir qui la soutient. Mais mon aujourd'hui éclate comme l'orage de juin sur ma feuillée. Demain sera si durent ces rires. »

5.

Les arbres n'ont pas d'histoires, sauf celles que leur révèlent les suroîts lisses en juillet. Ils ne sont qu'espace et libertés; leurs racines ne s'abreuvent jamais au temps.

L'été, les arbres ont des odeurs de pluie. La nuit retourne leurs feuilles humides et, sous elles, rêvent les parulines qu'ont rassasiées les insectes diurnes.

Chemins

1.

Ils s'incurvent vers les maisons amies, ces chemins jaunes que les broussailles enserrent sous les cris fous des pinières. À la nuit, dans la paix de la nuit, ils traceront des laizes blêmes que franchiront les rainettes en rut.

On y marche assurément, près des herbes folles et des étrivières rousses qui grimpent des fossés. Et lorsque l'air de juillet incendiera la poussière sous nos pieds, nous raclerons la gorge et presserons le pas vers cette source fraîche que les thuyas abritent.

2.

Les chemins relient. Leur nature est d'astreindre les pas et les temps à l'amour. Par-dessus leur centre herbeux, les mains se cherchent et se nouent dans l'air lourd que déchirent les trilles.

Et les chemins s'estompent. Leurs pentes déclinent jusqu'à cette grive dont les notes vibrent entre les libellules bleues – traits mauves sur les bourgeons replets.

3.

Néons roses des lingeries coquines. La lumière des rues chantourne des aplats sur les visages déserts. La nostalgie de l'hier parade aux carrefours où s'embuent les vitrines dans la joaillerie des feux.

De la musique. De sous ces toits hauts et verts, où ce midi piaffaient les passereaux, de la musique austère. Une voix douce, constante, une voix-fleuve, retenue, s'ouvre, majestueuse, et déploie soudain l'espace, tout l'espace, et survole les voies jusqu'aux plus extrêmes lisières.

4.

Parfois, les arbres butinés d'abeilles suintent le miel aux portails de vieux couvents célèbres. On remonte les rues alors, col relevé contre le froid d'un automne à naître. Tout est tiède devant ces temples de communiantes anciennes, dont les chants vibrent sous les pierres, dont les délires joyeux imprègnent encore les pavés riches.

Parfois les rues s'émeuvent sous la lumière, sous les pieds lourds et légers qui affirment la vie – refrain laborieux d'une nostalgie qu'aucun poème n'allégera au soir.

5.

Un chemin, une voie, une avenue, une sente, une route, une allée, un chemin vicinal ou de traverse, un sentier... – origine du désir. Toutes ces pistes naissent, avant même leur tracé, de la soif même du désir. Là-bas, vers l'Ouest incertain, leur achèvement, leur fin, leur chute que les lointains brouillent de temps.

On y voit :
les bras violets de Maryse dans la chambre aux étoiles ; l'enfant jamais né que l'on ne rattrapera jamais ; le manque mauve qui rabat les joies au sol ; la tangente, la marge – celle qu'on ne remplira jamais ; cette liberté sans frayeur que se partagent les animaux et les anges...

Pièces d'eau

1.

Ce sont là des lacs. Ce sont là des yeux que les nuits ne sauraient fermer, extatiques devant la montée des étoiles qu'ils accueillent au soir. Ce sont là des pas, ces traces limicoles sur les terres meubles que ceignent les asters.

Souvenons-nous des vents qui ont plissé ces eaux sous les demi-saisons des mais et des novembres; des harles brefs et moqueurs dont les sillons s'effaçaient sous la quiétude des soirs; et de cette lune gibbeuse, de miel, qui flottait sur l'eau noire, désemparée – et que les eaux n'ont jamais pu fondre.

2.

Mares des noires pessières oubliées. Bleus vifs que rident les vents à l'aube montante. Garrots blancs que le temps pousse vers la rive brouillée de brumes. Phalènes des soirs boréals, mortes, en dérive vers la gueule de l'omble embusquée.

Une main chaude d'atavisme, de lignage, d'habitude, de sang. En visière sur un œil qui se sait seul à vouloir ce rêve éternel.

3.

C'est à midi avéré que commencent les saintes retrouvailles de la mare et des pluies. Ces lèvres liquides où se froissent les vagues, où flottent, ébahis, les silences bleus de la forêt. Où les musiques de l'eau se font douces ; où l'attente s'allège ; où l'espoir pèse plus que la peur.

L'heure de la respiration profonde – celle qui consume, résume, abolit et anoblit le jour de celui que le souffle emporte vers le lieu sans mots.

4.

Aucun œil ne se pose sur ce lac de la toundra. Un héron au vol lent passe sur le brasier aigre des vagues que dore le soleil. Au loin roule la foudre de l'orage à venir.

Qui pourrait décrire ces gris fades, blafards, qui gouachent le ciel soudain ? Feux du ciel, et roulades des engoulevents et rainettes que le temps perpétue encore.

5.

Les lunes d'eau chahutent au soir sous les vents étésiens. Entendez leurs bruissements lorsque des berges la nuit glisse vers nous.

De quel haut prodige dérive notre présence ici ? Pourquoi donc, en ce lieu de solitude pleine, le temps permet-il à juillet d'éclore dans les musiques et les pastels de l'été ? Toute la nuit, cette question hantera le quai de bitume, le ponton humble aux planches vermoulues et cette grève où les vagues itératives meurent et naissent, le temps qu'une luciole brille, fugace, à la lisière de la forêt.

Mer et mort

Cinq est le chiffre de l'homme et de sa mélancolie. Entre l'agneau, le chien et l'ange ; entre la sphère, les papiers épars, les outils et cette plume ; entre ce sablier, ce carré magique et cette balance de Justice, il tourne dos à la fenêtre, à l'échelle de Jacob et au Soleil ; à la mer et à ce dragon qui dessus vole.

Loin du Soleil, le sort de l'homme n'est que mélancolie. L'étude et la vie conduisent à la conscience aiguë du manque, et l'œil cherche en vain où la muraille ferme le monde, pour le clore aux réverbérations autosuffisantes des sens immédiats.

(Inspiré par la *Mélancolie* de Dürer)

1.

À l'âge des regrets et des sursis, lorsque l'on sonde ses origines avant l'échéance irrépressible, la poésie se perd dans les remous des peurs et des désirs mal étreints, et se tarit la flamme que l'on estime éteinte, ignorants que nous sommes de ces trouées intérieures et du monde réel où nous nageons comme ces méduses des abysses – belles pour l'œil souverain qui les observe, mais sans miroir pour elles-mêmes.

C'est dans ce calme coupable qu'un soir s'éleva une voix qui ne venait ni du ciel ni de la Terre, mais du plus profond de l'océan le plus vaste, nos vies. Et elle me répétera jusqu'à ne plus entendre qu'elle :

« Va au-delà du jour ; va au-delà de la nuit. Parle au-delà du jour ; parle au-delà de la nuit. Parle au-delà de toi. Chante ceux au sommeil lent que la terre contient, tous ceux qui dorment et que l'éveil surprendra au matin calme des aubes manifestes.

Le fleuve ne sera plus le Fleuve alors, mais une longue réminiscence liquide, un parcours musical hachuré d'îles et de villages où faneront les cours criardes, où s'ébaudiront sans fièvres retenues tous ces trésors de la mer que posent parfois les marées aux estrans. »

2.

Hier, nous vous observions, madame ; observions vos fenêtres et ainsi savions que vous existiez encore, résistiez à la nuit qui de la mer envahissait la ville. Vous dansiez derrière vos soies et mousselines. Hier, chez vous, on dansait. Ce que surprenaient les badauds qui, sur la Jetée-aux-Vents, s'engluaient dans l'avéré silence du crépuscule.

Inutile de m'étendre sur les raisons et les pourquoi : le temps m'a drainé vers ces sables où depuis des siècles s'accumule en vain la nostalgie. Le sable est la matière commune, on sait. Les montagnes, les rochers, les murs, ces autoroutes stridentes, ces tours coiffées de phares qui ratissent le noir au ciel... Tout vient du sable et se résout en sable, même vos canines dures que la bougie révèle. Que dire de ces cheveux avoine et de ces mains de chair qui arpègent de la coupe à l'assiette.

Hier, nous observions vos fenêtres et ainsi savions que chez vous on veillait contre la nuit et les heures blanches qu'elle assemble.

3.

Il en est des rochers comme des humains et des barques. Ils décatissent avec plus de paresse, c'est tout. Inutile de s'y serrer tout contre, inutile de les peindre. Inutile de les sonder sous les suroîts qui giflent et garrottent les mots.

Approchez vos lèvres, puis redites-moi cette peine qu'on ne saurait dire ni à la sterne ni aux vents. Racontez cette douleur à ne partager qu'entre frères et sœurs de l'effroi vrai que le temps draine.

4.

Ils sont là, tous, et dorment, et rêvent d'un fleuve pour l'éternité à trois brasses des hautes mers, pendant que ce fleuve coule et file de nouveaux rêves pour les vivants à venir.

Ils ont ri et pleuré. Mais aujourd'hui ils dorment, yeux grands ouverts sur les décors maritimes qui ont encombré leurs vies.

Les oiseaux de rivage leur font encore faveur d'une plainte ou d'un froissement d'ailes à l'aurore, avant que ne giclent les pluies sur les graviers roses des aboiteaux.

5.

Ce sont des villages de salines et de grèves que le temps a passés au lacet des rives. C'est pour eux, on le sait, que lèvent les soleils, les harles et les eiders en mai.

Ce sont les murs du refus dernier. Le voyageur arrive et interroge la mer, et rien ne monte de ces soirs duveteux, si ce ne sont les brouillards et les houles calmes qui hébètent les insomnies récursives de l'attente.

Avancez vos lèvres, avancez vos mains, frères et sœurs humains ; allégez vos voix de ce poids qui pèse. À mille lèvres, à mille mains, peut-être pourrons-nous…

Grosse-Île

1.

Il est des îles que les atlas ont oubliées dans leurs embruns. Les amers y gîtent sous les courlis crieurs. Leurs masses s'effilochent aux étirements fumeux, s'estompent à la venue de pêcheurs qu'enhardit le nordet. Les vagues y roulent leurs varechs entre les phoques que lissent les écumes.

Sur ces havres courent des fables obscures que les gens de terre se répètent aux buvettes saumâtres, lorsque la bière et le genièvre inspirent et que les brumes en résilles occultent les habitats.

Il est d'autres îles sur la mer – du littoral presque. Des îles d'attente avant l'Amérique. On y mourait souvent, entre deux marées basses qui retenaient au chenal les bateaux passeurs.

2.

L'Autre disait au médecin qui hantait l'Hôpital-des-Quatre-Vents :
— Elles sont filles d'Irlande. Leur peau est de lait et leurs cheveux d'or roussis aux flammes.

Ces femmes couraient les grèves à la brune et chantaient. Ces femmes foulaient les bruyères jusqu'à tard, pleuraient les morts délestés à la mer et ces damnés du typhus que l'isolement retenait encore sur les rocs et les lichens rares, à un jet de pierre du rêve.

— Lorsqu'elles meurent, à leur tour, la flamme s'éteint et le lait de la Terre se rancit, disait ce médecin que courbaient les vents.

3.

Lorsque le corps de Malcom a glissé vers la gueule des vagues, Molly serrait la main de Robin et l'écume de la mer se mêlait à leurs larmes.

La nuit, il y avait le froid et les gémissements des enfiévrés que la mort endêvait. Et les plaintes de l'air dans les gréements. Le parler rauque des cordages. Ces voiles qui battaient, se déchiraient parfois.

— Chante, suppliait Robin.
Et Molly entonnait un chant d'Irlande. Les pâturages, les chevaux, les murets, les pierres et les cairns montaient du trop-plein de l'enfance pour combler ce vide qui, à l'avant du navire, avalait tout – noir et heurté parfois de phosphorescences austères.

4.

Dans l'aube encore tiède, il les devinait tous dans leurs insomnies et dans leurs râles qui éveillaient les oiseaux diurnes la nuit.

Il rangeait les flacons à odeurs fortes des pharmacies vertes, et le soleil lui révélait peu à peu ce cimetière où reposaient Malcom, Lorry, Shania, Shannon... et tous ces astres en dérive dont la pluie et les vents rongeraient bientôt les noms sous les nuées basses du Fleuve.

5.

Les derniers morts sont sous terre. Cette terre qui colle aux semelles, comme des souvenirs fidèles, hargneux, qui le suivront jusqu'à la rive dans le vent et la langue rocailleuse d'Irlande.

Les adieux au médecin. Sur le ponton, leurs paroles s'égarent. Ils auraient trop à dire. Le noroît souffle si fort.

Le Continent appelle. Et ces baraques retournent blanches au silence discret des terres que le Fleuve a offertes, affleurements avant les côtes dures.

Les aigles

1.

Aucune ombre ne recouvre les aigles. Ils planent si haut, sachez. Rien ne leur cache le soleil. Sur leurs ailes, l'espace clair et, sous leurs ailes, le rire bleu des enfants.

Leurs yeux s'attardent aux rivières fuyantes et ils redoutent la nuit que cèlent les précipices.

2.

À la nuit tes mains effleurent l'eau, phalènes blanches. Et roulent sur le feu, agiles à la flamme, entre les étincelles rouges que les vents dérivent vers ces régions de l'air d'où pêchent les aigles balbuzards.

Mère née de la Mère, et de la Mère de la Mer... Tout vient de si loin vers toi. Tout se hausse vers l'avenir qui a forme de ton ventre.

3.

Ils se perchent, haute soldatesque, sur des à-pics hauts, et géométrisent les paysages de tells, rocs et toundra. Ils sont ceux de l'œil, sachez. Et ils répètent au jour :
— *Chaque sens est une lutte de l'Esprit pour s'imposer à la Terre.*

Et leurs cris tiennent leurs regards dans la solitude des moraines éventrées.

4.

Les aigles se le répètent de montagne en montagne:
— Elle viendra bientôt, celle dont les pieds ont foulé le néant jusqu'à fonder les aurores de la Terre et le rut lorsqu'elle déploie son manteau d'étoiles.

Et cette lune à son front, qui instruit les glaciers et passe sur les villes – y soupirent les hommes dans la cyprine des femmes enamourées que convulse l'avenir.

5.

L'air est cette maladie douce dont les aigles ne guérissent jamais. Cet océan de brumes où ils nagent sans fin. Ces ports alignés que drossent les ouragans tristes, au-delà des Sud et des Nord.

Voilà où conserver toujours la douce irraison des ailes.

Les chants de la tribu aveugle

Les chants de l'œil

1.

Moi, de la horde aveugle et grise, je me croyais seul, alors que nous sommes multitude et que nous rassemblent nos chants. Moi, de la tribu aveugle, je me croyais seul à vaguer par les villes, alors que les Autres construisent maisons, tous, avec odeurs de viandes et d'épices, des lieux de retraite au soir – ces humains qui hantent les routes mouillées.

C'est ainsi qu'à l'origine des Lumières, à l'aurore de la parole ciselée, par souci vain de vaincre la peur, nous nous sommes concertés en une savane claire, et avons rétréci ce monde de savoirs utiles jusqu'à nous y ennuyer soudain – et à nous y survivre dans l'oubli de soi.

2.

Nous, de la tribu aveugle, nous nous sommes cavé un nid à même le temps, et avons voulu y vivre toujours. Nous l'avons tapissé de rêves, de chimères et de révoltes sublimes et, par la nuit prescrite à toute lumière en nous, avons cru détourner le temps de ses visées mortifères.

Passé les forts alcools, nous avons épié la terre, nous avons observé la mer, puis avancé dans le sang des batailles – où les sables en rafales des simouns révélaient l'informe aux confins ocre des mémoires et de l'avenir. Nous forgions des alliages de douleurs et de joies, et les nommions beautés que les jours délitent.

3.

Moi, de la tribu aveugle, j'ai envié les animaux parfois. À vouloir rallier les loups la nuit et ces huants qui hantent les lisières au soir.
Ah ! ce vent sous les pennes des aigles en piqué et ce fou tournis des vols sans retenue, à frise de clochers verts et hauts, des hirondelles.

J'ai envié, sur ces sols, tout ce qui peut braire à l'humain, à celui de la tribu aveugle : « Tu n'es pas chez toi ici. Tes mains ne savent rien retenir, ni tes pas ni ton souffle compté, ni même cette route que tu voudrais destin. Les arbres ont des branches pour te bannir et les bêtes, dans leurs tanières, attendent ta fin. »

4.

Un jour, j'ai dit à la tribu aveugle, à ceux des nécrologies modestes: « Heureusement, il y a les arbres, droits, absolus dans leurs fibres blanches, et courbés sur l'eau de la rivière, soutenue, qui retourne leurs images, et les vents, qui en brouillent parfois la surface, ouvrent des trouées neuves aux rêves des asters qu'à l'aube les oiseaux éveillent. » (Éclats de rires de l'assemblée)

Et j'ai répété à la tribu aveugle: « Vous ne croyez ni à l'arbre ni aux fleurs. Croyez au moins à l'œil qui trace les orchis et colore leurs chairs dans l'espace diurne et froid. » (Éclats de rires de l'assemblée)

5.

Et un jour, moi, j'ai répété à la tribu aveugle : « Vous méprisez l'œil. Estimez la vue qui teinte et apaise la terre, et résout ciel, terre et mer – toutes choses... – en un nœud en soi que l'on nomme le monde. »

Sont montées des marées de douleur dans les yeux des Autres, des ombres et des nostalgies qui réverbéraient la mort. L'un m'a dit, qui parlait pour tous : « Peut-être que... Si nous habitions ces barques ou ces voiliers muets que trois cordelles lâches lient aux quais immobiles, à deux brasses de la jetée et prêts toujours à larguer terre, peut-être qu'ainsi, nous, les Autres, allégés de la peur et des sables qui cèlent, pourrions-nous goûter arbres et fleurs, et croire à l'œil qui comble et enlumine les vies. »

Les chants de la main

1.

Les Autres se demandent le pourquoi des villes si diverses – certaines en corbeille sur la mer, d'autres plates, closes de déserts silences. C'est de la main de l'homme qu'il s'agit, plurielle dans ses ouvrages et les désirs qui l'animent au saint travail du mortier et des bois tendres que les maçonneries soutiennent.

L'été, il pleut parfois, et, dans la moiteur, les mains se délient en gestes – naissent alors les cathédrales et les repas au soir.

2.

Les mains, ces larges fleurs que les désirs entrouvrent… Des caresses brunes, bleues, chamois, fauve, fondent ces paroxysmes acides dont les spasmes exhaussent les chairs jusqu'à mimer la mort. Puis, sur les lits soudain tièdes, les mains reposent – oiseaux frappés de foudre.

Au sud, l'orage oublié roule encore sur les rosiers sauvages, où s'abritent les musaraignes.

3.

La main trace des mots repus. Elle ne saurait les retenir. Ils hachurent la page avant de se figer soudain, phrases coalescentes, enamourées de sens. La main hésite alors et cherche dans l'interligne flou les alinéas futurs. À cette cime fugace, aux retrouvailles de la mémoire et de l'avenir, la main macule, biffe, griffe, raye de noir la chair poreuse du papier muet, toujours prompt de mots.

Alors vient le vent murmurer la phrase ultime à la fenêtre, mots que jamais n'écrira la main, mots aussi obscurs que les rivières lentes – veines noires qui mènent au cœur des Hauts Pays sauvages.

4.

Fin d'un jour d'août. La lumière or meut des moments de grâce. La main cherche encres, fusains, pastels… La lumière oblique et blonde nappe d'ambre la demi-saison. Le fondement même des choses s'étale alors – ce qui fonde le monde, le soutient, se monte et se démonte, noires membrures, sous l'œil qui regarde.

Magie orfroi de haute faveur et de haute majesté. La main fervente étend les jaunes, les verts et les bleus, jusqu'à transmettre le manifeste de cette lumière ambrée qui interroge et poudroie.

5.

Les pas sont l'étalement de la main, son espace circonscrit par les muscles de la jambe. Son désir devenu pas, mémoire sur les sols les plus meubles, sur les humus les plus souples que dépiautent les pluviers.

Les mains aiment tracer des façades, la caresse des murs chauds, ces murs que l'histoire embaume – crépis de ces maisons qui jadis ont entendu murmurer les pleurs. Sur les combles verts et mansardés, les vents sont passés ; les saisons, les venues et les départs furtifs vers ces tombes alignées que l'ombre des maisons renferme.

Les versets du pluriel

1. Le pluriel rend le réel accessible.

2. Le pluriel hisse les odeurs de la terre, et les offre, bouquets doux, aux promeneurs amers.

3. Le pluriel ramène l'amour vers la main des hommes endormis.

4. Le pluriel offre aux paumes les textures de la soie, les velours et les rudesses de la pierre, où les vents s'écrivent des vies.

5. Le pluriel aligne les fruits mauves et jaunes dont la chair comblent les langues qui salivent.

6. Le pluriel apporte la douceur aux naseaux mafflus des dogues géants.

7. Le pluriel gèle la source au ponceau, sous la giboulée de novembre.

8. Le pluriel lacère de rouge les habits blancs des enfants libanais.

9. Le pluriel s'agrippe au ventre et dévoile la mort au cimetière sous juillet fou.

10. Le pluriel se fait aimer, puis se retire, preste, lorsque nos mains troublées le cherchent encore.

11. Le pluriel se veut sans nom, alors que nous nous épuisons à le nommer; il fuit, et nos mains agrippent des fantômes de brume.

12. Le pluriel se glisse entre le whisky triste et la lune que brouille une bruine d'automne.

13. Le pluriel gît au cœur de l'amant qui attend l'aimée au soir dans la lumière crue d'un hall.

14. Le pluriel barbouille de gel et de sucre blanc les joues des écoliers rouges qui, sacs au dos, reviennent vers les cuisines chaudes en hiver.

15. Le pluriel peint et repeint les aboiteaux saouls de lune aux marées hautes de novembre.

16. Le pluriel descend brun sur la ville lorsque l'octobre bascule en fin d'après-midi vers les nuits longues.

17. Le pluriel verse le vin, l'oubli et la douceur dans ces coupes que les femmes aux seins replets amènent.

18. Le pluriel éveille les longs rires et les coins d'ombre lorsque festoient les dîneurs.

19. Le pluriel existe pour que nous le trouvions beau. Sans nos regards, le monde existerait mal, dans l'insuffisance, et Dieu devrait tout recommencer.

La poésie
aux Éditions Triptyque

Albert, Michel. *Poèmes et autres baseballs*, 1999, 108 p.
Albert, Michel. *Souliers neufs sur les terres brûlées*, 2000, 73 p.
Arsenault, Anick. *Femmes de sous mon lit*, 2002, 88 p.
Berrouët-Oriol, Robert. *Lettres urbaines*, 1986, 88 p.
Bienvenue, Yvan. *Tout être*, 2002, 66 p.
Blo, Maggie. *Clémentine et Mars*, 2002, 76 p.
Boissé, Hélène. *Et autres infidélités*, 1990, 70 p.
Boissé, Hélène. *De l'étreinte*, 1995, 83 p.
Boissé, Hélène. *Silence à bout portant*, 1999, 86 p.
Boissé, Hélène. *Tout a une fin*, 2005, 59 p.
Bouchard, Reynald. *La poétite*, 1981, 78 p.
Bouchard, Reynald. *Chants d'amour au présent*, 1995, 52 p.
Caccia, Fulvio. *Irpinia*, 1983, 57 p.
Caccia, Fulvio. *Scirocco*, 1985, 64 p.
Caccia, Fulvio. *Lilas*, 1998, 83 p.
Campeau, Sylvain. *La Terre tourne encore*, 1993, 97 p.
Campeau, Sylvain. *Exhumation*, 1998, 104 p.
Campeau, Sylvain. *Les antipsaumes*, 2004, 71 p.
Campeau, Sylvain. *Planète, organes*, 2007, 96 p.
Cardinal, Diane. *L'amoureuse*, 1989, 80 p.
Cardinal, Diane. *Murs mouillés d'ombre*, 2002, s. p.
Catalano, Francis. *Panoptikon*, 2005, 114 p.
Chapdelaine Gagnon, Jean. *Dans l'attente d'une aube*, 1987, 71 p.
Chenard, Sylvie. *Chansons et chroniques de la baleine*, 1994, 103 p.
Clément, Michel. *Nekuia ou Le chant des morts*, 1987, 68 p.
Coppens, Patrick. *Enfants d'Hermès*, 1985, 64 p.
Coppens, Patrick. *Tombeaux et ricochets*, 1997, 70 p.
Corbeil, Marie-Claire. *Inlandsis* suivi de *Comment dire*, 2000, 117 p.
Côté, Michel. *Au commencement la lumière*, 2001, s. p.
Côté, Michel. *Jouer dans l'être*, 2007, 72 p.
Côté, Michel. *Le privilège de la rive*, 2004, 69 p.
Daoust, Jean-Paul. *Cinéma gris*, 2006, 68 p.
Deschênes, Louise. *Porte dérobée*, 2008, 68 p.
Desnoyers, François. *Derrière le silence*, 1985, 108 p.
Des Rosiers, Joël. *Métropolis opéra*, 1987, 95 p.
Des Rosiers, Joël. *Tribu*, 1990, 110 p.
Des Rosiers, Joël. *Savanes*, 1993, 102 p.

Des Rosiers, Joël. *Savanes* suivi de *Poèmes de septembre*, 2007, 116 p.
Des Rosiers, Joël. *Vétiver*, 1999, 136 p.
Des Rosiers, Joël. *Métropolis opéra* suivi de *Tribu*, 2000, 192 p.
Des Rosiers, Joël. *Caïques*, 2007, 136 p.
DesRuisseaux, Pierre. *Soliloques*, 1981, 88 p.
DesRuisseaux, Pierre. *Noms composés*, 1995, 104 p.
DesRuisseaux, Pierre (trad. de). *Contre-taille. Poèmes choisis de vingt-cinq auteurs canadiens-anglais*, éd. bilingue, 1996, 327 p.
DesRuisseaux, Pierre (trad. de). *Hymnes à la Grande Terre. Rythmes, chants et poèmes des Indiens d'Amérique du Nord-Est*, 1997, 265 p.
DesRuisseaux, Pierre (trad. de). *Co-incidences. Poètes anglophones du Québec*, 2000, 278 p.
Dimanche, Thierry. *Le thé dehors*, 2002, 89 p.
Dudek, Louis. *Dudek, l'essentiel* (trad. p. DesRuisseaux), 1997, 239 p.
Dupuis, Jean-Philippe. *Attachement*, 1999, 76 p.
Dupuis, Jean-Philippe. *Table de nuit*, 2004, 72 p.
Dupuis, Léon Guy. *Rebours*, 2002, 78 p.
Dupuis, Léon Guy. *Vous êtes ici*, 2005, 74 p.
Dyens, Ollivier. *Les bêtes*, 2003, 76 p.
Dyens, Ollivier. *Là où dorment les crapauds*, 2008, 52 p.
Forest, Jean. *Des fleurs pour Harlequin !*, 1985, 129 p.
Fréchette, Jean-Marc. *Le corps de l'infini*, 1986, 135 p.
Fréchette, Jean-Marc. *La sagesse est assise à l'orée*, 1988, 52 p.
Gagnon, Alain. *L'espace de la musique*, 2005, 102 p.
Gagnon, Alain. *Les versets du pluriel*, 2008, 67 p.
Gaudreau, Jean-Pierre. *Entre la lumière des saisons*, 2000, 70 p.
Georges, Claude. *Entière mémoire noyée*, 2001, 72 p.
Giguère, Richard. *Anthologie de la poésie des Cantons de l'Est au 20e siècle*, éd. bilingue, 1999, 247 p.
Girard, Cynthia. *Le Soleil et l'Électron*, 2004, 63 p.
Giroux, Robert. *L'œuf sans jaune*, 1982, 74 p.
Giroux, Robert. *Du fond redouté*, 1986, 72 p.
Giroux, Robert. *J'allume*, 1995, 55 p.
Giroux, Robert. *En mouvement*, 1998, 54 p.
Giroux, Robert. *Le miroir des mots*, 1999, s. p.
Giroux, Robert. *Gymnastique de la voix*, 2001, 64 p.
Giroux, Robert. *Soleil levant*, 2003, 64 p.
Giroux, Robert. *Soleil levant* précédé de *Gymnastique de la voix*, 2004, 117 p.
Giroux, Robert. *L'hiver qui court* suivi de *La banlieue du cœur des villes*, 2006, 53 p.
Gosselin, Yves. *Brescia*, 1987, 84 p.
Gosselin, Yves. *Connaissance de la mort*, 1988, 84 p.
Gousse, Edgard. *La sagesse de l'aube*, 1997, 69 p.

Guénette, Daniel. *Empiècements*, 1985, 96 p.
Guénette, Daniel. *Adieu*, 1996, 69 p.
Guilbeault, Daniel. *Le risque du bonheur*, 2002, 83 p.
Hubert, Karine. *Je ne devrais pas voir*, 2005, 87 p.
Jalbert, Marthe. *Au beau fixe*, 1986, 50 p.
Jalbert, Marthe. *Le centre dissolu*, 1988, 50 p.
Ji, R. *Par la main du soleil*, 1981, 59 p.
Lafond, Guy. *Carnet de cendres*, 1992, 73 p.
Langevin, Gilbert. *Confidences aux gens de l'archipel*, 1993, 88 p.
Lanthier, Philip. *Anthologie de la poésie des Cantons de l'Est au 20e siècle*, éd. bilingue, 1999, 247 p.
LaRochelle, Luc. *Ni le jour ni la nuit*, 2004, 79 p.
Larocque, Marie-Christine. *La main chaude*, 1983, 67 p.
Larocque, Marie-Christine. *Encore candi d'aimer*, 1991, s. p.
Layton, Irving. *Layton, l'essentiel* (trad. Michel Albert), 2001, 195 p.
Leduc-Leblanc, Jérémie. *Mémoire d'ombres*, 2007, 76 p.
Legendre De Koninck, Hélène. *Les racines de pierre*, 1992, 69 p.
Le Gris, Françoise. *Bali imaginaires*, 1993, 65 p.
Le Gris, Françoise. *Le cœur égyptien*, 1996, 133 p.
Lépine, Hélène. *Les déserts de Mour Avy*, 2000, s. p.
Létourneau, Michel. *Les rives claires*, 2008, 84 p.
Louisseize, Caroline. *Le siège propre*, 2003, 96 p.
Malavoy-Racine, Tristan. *L'œil initial*, 2001, 67 p.
Malavoy-Racine, Tristan. *Les chambres noires*, 2003, 68 p.
Malavoy-Racine, Tristan. *Cassé-bleu*, 2006, 57 p.
Marquis, André. *À l'ère des dinosaures*, 1996, 76 p.
Marquis, André. *Cahiers d'actualité*, 1997, 107 p.
Marquis, André. *Anthologie de la poésie des Cantons de l'Est au 20e siècle*, éd. bilingue, 1999, 247 p.
Martin, Alexis. *Des humains qui bruissent*, 1999, 51 p.
Martin, Raymond. *Indigences*, 1983, s. p.
Martin, Raymond. *Qu'en carapaces de mes propres ailes*, 1987, 74 p.
Mistral, Christian. *Fontes. Poèmes et chansons*, 2004, 183 p.
Montpetit, Marie-Hélène. *40 singes-rubis*, 2002, 56 p.
Montpetit, Marie-Hélène. *Dans le tabou des arbres*, 2007, 64 p.
Morrissey, Stephen. *La bête mystique* (trad. Élizabeth Robert), 2004, 101 p.
Nelligan, Émile. *Poésies* (éd. André Marquis), 1995, 303 p.
Parent, Mario. *Marcher sur les vagues*, 2000, 77 p.
Pavloff, Franck. *Indienne d'exil*, 2001, 51 p.
Pelletier, Louise de gonzague. *Petites mélancolies*, 1989, 60 p.
Perreault, Guy. *Personne n'existe* suivi de *La mort des mouches*, 1999, 81 p.
Phelps, Anthony. *Orchidée nègre*, 1987, 107 p.

Poirier, Martin. *Les matins carnivores*, 2002, 77 p.
Poulin, Aline. *La viole d'Ingres*, 1991, 51 p.
Pourbaix, Joël. *Dans les plis de l'écriture*, 1987, 119 p.
Pourbaix, Joël. *Passage mexicain*, 1989, 78 p.
Renaud, Jacques. *Le cycle du scorpion*, 1979, 39 p.
Renaud, Jacques. *La nuit des temps*, 1984, 122 p.
Ricard, André. *Les baigneurs de Tadoussac*, 1993, 54 p.
Robert, Sylvain. *Poudre noire*, 2005, 69 p.
Ross, Diane-Ischa. *Ces yeux mis pour des chaînes*, 2003, 70 p.
Ross, Diane-Ischa. *Fors le silence*, 2006, 81 p.
Roy, Bruno. *L'envers de l'éveil*, 1988, 88 p.
Saint-Germain, Monique. *Archipel*, 1991, 103 p.
Savard, Marie. *Poèmes et chansons*, 1992, 96 p.
Smith Gagnon, Maude. *Une tonne d'air*, 2006, 51 p.
Souaid, Carolyn-Marie. *Neiges* (trad. Alain Cuerrier), 2006, 115 p.
Soudeyns, Maurice. *Poèmes au noir*, 1989, 70 p.
Soudeyns, Maurice. *Vrac et nuques*, 1999, 72 p.
Sylvestre, Robert. *L'accès au cœur*, 2001, 62 p.
Tardif, Maurice. *Autoportraits à la paille creuse*, 2001, 144 p.
Trépanier, Laurent. *La parole au noir*, 1998, 56 p.
Urquhart, Jane (trad. Nicole Côté). *Les petites fleurs de Madame de Montespan*, 2000, 98 p.
Vaillancourt, Marc. *Équation personnelle*, 1992, 94 p.
Vaillancourt, Marc. *Lignes de force*, 1994, 124 p.
Vaillancourt, Marc. *Les corps simples*, 1996, 102 p.
Vaillancourt, Marc. *Almageste*, 1998, 92 p.
Vaillancourt, Marc. *Amant alterna Camenæ*, 2000, 120 p.
Vaillancourt, Marc. *Les loisirs de Palamède*, 2003, 105 p.
Warren, Louise. *L'amant gris*, 1984, 88 p.
Warren, Louise. *Madeleine de janvier à septembre*, 1985, 52 p.
Warren, Louise. *Écrire la lumière*, 1986, 50 p.
Watteyne, Nathalie. *D'ici et d'ailleurs*, 2000, s. p.
Ysraël, Élie-Pierre. *Arcane seize*, 1980, 18 p.

Tous les livres des Éditions Triptyque sont désormais imprimés sur du papier 100 % recyclé postconsommation (exempt de fibres issues des forêts anciennes) et traité sans chlore.

L'impression de *Les versets du pluriel* a permis de sauvegarder l'équivalent de 3 arbres de 15 à 20 centimètres de diamètre et de 20 mètres de haut. Ces bienfaits écologiques sont fondés sur les recherches effectuées par l'Environmental Defense Fund et d'autres membres du Paper Task Force.